Ensino Fundamental
2º ano – Volume único

EMPREENDEDORISMO E EDUCAÇÃO FINANCEIRA

Dados Internacionais para Catalogação na Publicação (CIP)
(Maria Teresa A. Gonzati / CRB 9-1584 / Curitiba, PR, Brasil)

G249   Gasparello, Anvimar Galvão.
        Conquista : Solução Educacional : empreendedorismo e educação financeira, 2º ano / Anvimar Galvão Gasparello ; ilustrações Adilson Farias ... [et al.]. – Curitiba : Positivo, 2018.
        : il.

        ISBN 978-85-467-2471-0 (Livro do aluno)
        ISBN 978-85-467-2477-2 (Livro do professor)

        1. Empreendedorismo. 2. Educação financeira. 3. Ensino fundamental – Currículos. I. Farias, Adilson. II. Título.

        CDD 373.3

©Editora Positivo Ltda., 2018

PRESIDENTE: Ruben Formighieri
DIRETOR-GERAL: Emerson Walter dos Santos
DIRETOR EDITORIAL: Joseph Razouk Junior
GERENTE EDITORIAL: Júlio Röcker Neto
GERENTE DE ARTE E ICONOGRAFIA: Cláudio Espósito Godoy
SUPERVISÃO EDITORIAL: Silvia Eliana Dumont
SUPERVISÃO DE ARTE: Elvira Fogaça Cilka
SUPERVISÃO DE ICONOGRAFIA: Janine Perucci
AUTORIA: Anvimar Galvão Gasparello
EDIÇÃO DE CONTEÚDO: Lélia Longen Fontana (Coord.) e Simone Perpétuo Nishi
EDIÇÃO DE TEXTO: Simone Almeida Rempel
REVISÃO: Ana Carolina Golembiuk e Vanessa Schreiner
PESQUISA ICONOGRÁFICA: Mayara Yoneyama
EDIÇÃO DE ARTE: Marcelo Bittenocurt

ILUSTRAÇÕES: Adilson Farias, Antonio Eder, Bianca Propst, Bruna Assis Brasil, Cacá França, Camila de Godoy, Chris Borges, Davi Viegas, DKO Estúdio, Edson Farias, Eduardo Silva, Evandro Marenda, Fabio Sgroi, Flaper, Gustavo Ramos, Lupe, Marcelo Bittencourt, Mariana Basqueira, Rafaella Ryon, Roberto Zoellner, Sami e Bill, Shutterstock, Vanessa Alexandre
PROJETO GRÁFICO: Daniel Cabral
EDITORAÇÃO: Fabianka Design
ENGENHARIA DE PRODUTO: Solange Szabelski Druszcz
PRODUÇÃO: Editora Positivo Ltda.
Rua Major Heitor Guimarães, 174 – Seminário
80440-120 – Curitiba – PR
Tel.: (0xx41) 3312-3500
Site: www.editorapositivo.com.br
IMPRESSÃO E ACABAMENTO: Gráfica e Editora Posigraf Ltda.
Rua Senador Accioly Filho, 431/500 – CIC
81310-000 – Curitiba – PR
Tel.: (0xx41) 3212-5451
E-mail: posigraf@positivo.com.br

2018

CONTATO: conquista@positivo.com.br

Todos os direitos reservados à Editora Positivo Ltda.

EMPREENDEDORISMO E EDUCAÇÃO FINANCEIRA

TEMA 1
SABENDO USAR, NÃO VAI FALTAR P. 4

TEMA 2
SEMEANDO SONHOS P. 14

TEMA 3
EU QUERO OU EU PRECISO? P. 25

TEMA 4
O DINHEIRO DE CADA DIA P. 39

1

SABENDO USAR, NÃO VAI FALTAR

Leia o poema.

Gotinha

Água da chuva
Da nuvem ela vem
Cai em gotinha
No oceano também.
Gotinha de orvalho
Pinguinho brilhante
De perto uma gota
De longe, diamante.

Anvimar Gasparello e Isabel Lombardi

Bruna Assis Brasil. 2018. Digital.

CAÇA-PALAVRAS

Encontre e pinte no caça-palavras as seguintes palavras retiradas do poema.

ÁGUA
CHUVA
GOTINHA
NUVEM
OCEANO
~~ORVALHO~~

A	E	C	H	U	V	A	P	U	I	N	U	V	E	M
G	G	U	A	R	I	N	T	Y	O	R	P	O	U	P
U	U	R	O	R	V	A L	H	O	T	U	I	M	U
A	G	A	N	O	P	G	O	T	I	N	H	A	O	R
B	O	C	E	A	N	O	U	D	A	E	I	O	C	E

questões para discutir

💧 Qual o tema do poema?

💧 Onde podemos encontrar água?

💧 Você acha que conseguiríamos viver sem água? Por quê?

💧 Em que situações usamos a água?

Empreendedorismo e educação financeira 5

questões para discutir

💧 Você sabe de onde vem a água doce que consumimos? Ela vem de:

   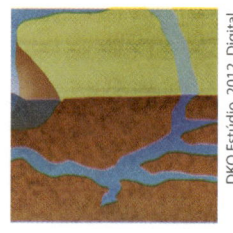 

Rios — Lagos — Geleiras — Debaixo da terra — Atmosfera

💧 Quando a água é considerada potável?

Este recipiente representa toda a água que existe em nosso planeta.

A ÁGUA GARANTE A NOSSA SOBREVIVÊNCIA.
NÓS CONSUMIMOS ÁGUA DOCE E POTÁVEL. COMO A QUANTIDADE DE ÁGUA DOCE NO MUNDO É MUITO PEQUENA, PRECISAMOS SABER USÁ-LA!

USAR A ÁGUA COM CONSCIÊNCIA É USAR APENAS O NECESSÁRIO, SEM DESPERDIÇAR.
PARA ISSO, É IMPORTANTE MUDAR ALGUNS HÁBITOS PARA QUE A ÁGUA NÃO ACABE.

 ÁGUA SALGADA

 ÁGUA DOCE

E VOCÊ, DESPERDIÇA ÁGUA?

USO DA ÁGUA

Veja o gráfico:

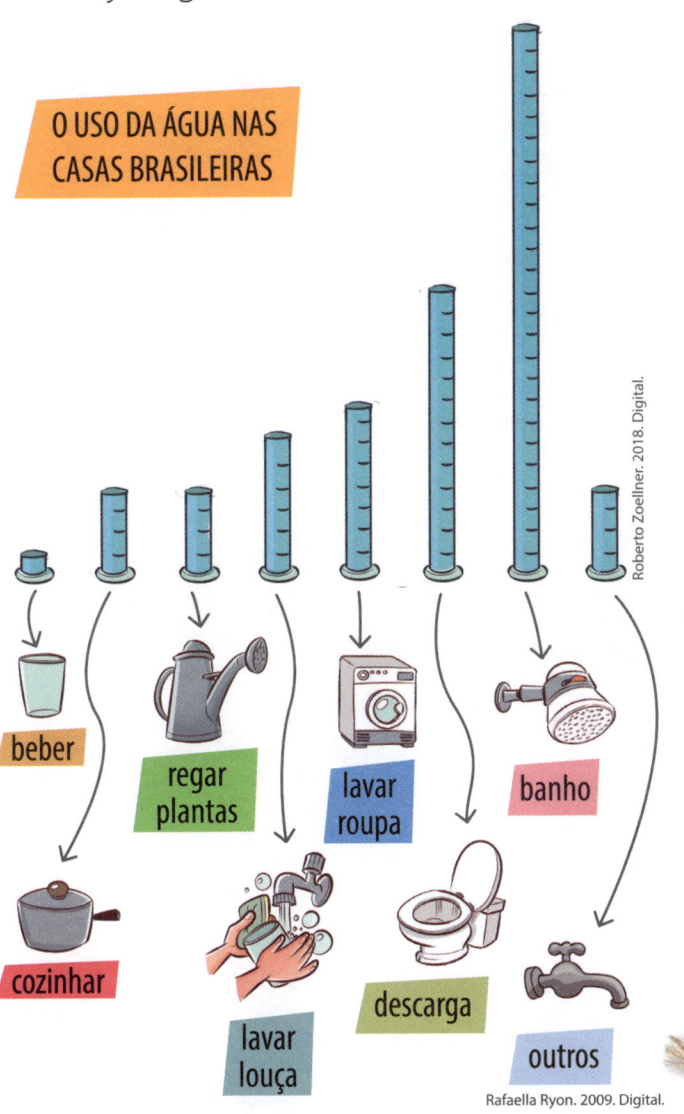

💧 Em que situação as pessoas no Brasil gastam mais água? ☐ menos água? ☐

💧 Desenhe em que situação do seu dia a dia você acha que gasta mais água.

Em cada situação, marque com um **X** a atitude mais adequada para economizar água.

Agora converse com seus colegas e com o professor para explicar cada uma de suas escolhas.

jogos, brincadeiras e desafios

O registro de água será aberto e você é o responsável por construir um encanamento que leve a água até a torneira.

Observe as três peças que já foram colocadas. Recorte as demais peças dos canos e construa o encanamento por onde a água deverá passar. Encaixe as outras peças sem deixar espaço para a água escapar.

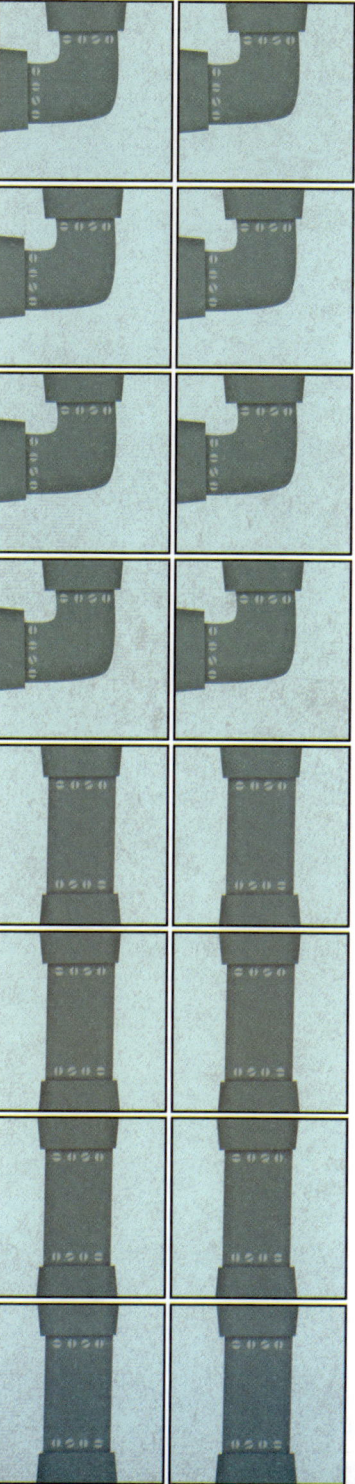

Empreendedorismo e educação financeira

questões para discutir

Observe a imagem.

Gustavo Ramos. 2018. Digital.

a) Para que a mulher está usando a água?
   _____

b) Ela está usando a água de maneira consciente? _____

c) O que ela poderia fazer para evitar o desperdício de água?
   _____
   _____

QUANTO PODEMOS ECONOMIZAR DE ÁGUA COM ATITUDES SIMPLES COMO ESTAS?

 Durante o banho, se fecharmos o chuveiro enquanto nos ensaboamos, podemos economizar, aproximadamente, 120 litros de água.

Marque os garrafões de água que essa economia representa.

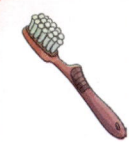 Quando escovamos os dentes e deixamos a torneira aberta, gastamos 20 litros de água por minuto, aproximadamente.

Marque as garrafas de água que esse gasto representa.

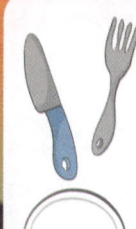 Quando lavamos a louça e fechamos a torneira enquanto a ensaboamos, podemos economizar, aproximadamente, 100 litros de água.

Marque os garrafões de água que essa economia representa.

questões para discutir

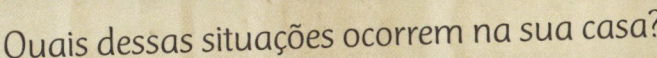

 Quais dessas situações ocorrem na sua casa?

Quais dessas atitudes você pode mudar em seu dia a dia em casa?

SUA CONSCIÊNCIA FAZ A DIFERENÇA!

Observe as imagens.

questões para discutir

 Que lugares são esses?

 O que você observa nas três imagens?

 Como você acha que esse lixo foi parar lá?

 O que as pessoas estão fazendo na última foto? Por que elas estão agindo dessa maneira?

AJUDE A PRESERVAR O PLANETA

Juntamente com seus colegas e seu professor, façam uma lista de coisas que vocês podem fazer para reduzir o consumo de água na escola.

DIA MUNDIAL DA ÁGUA – 22 de março

_____
_____
_____
_____
_____
_____
_____
_____
_____

Fabio Sgroi. 2011. Digital.

2 SEMEANDO SONHOS

Acompanhe, a seguir, o poema que seu professor vai ler.

UM SONHO...

De uma cadeira de rodas
eu vejo o mundo!
Vejo flores, sol, água e mar,
vejo pássaros a voar,
meninos e meninas a brincar.
Sem pernas para correr,
com o desejo e a vontade
de conquistar e de pertencer.
Tenho um sonho a realizar:
sentir a brisa do vento,
as ondas e o cheiro do mar.

Anvimar Gasparello e Isabel Lombardi

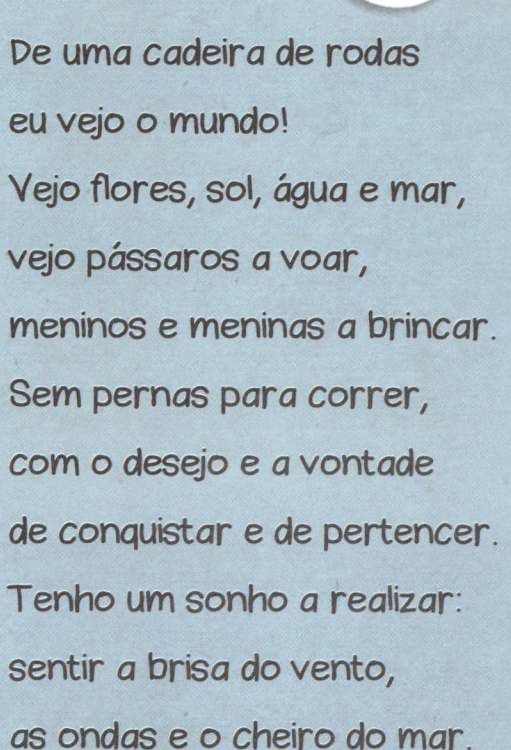

questões para discutir

 Qual é o sonho da criança do poema?

 Converse com seus colegas e seu professor sobre o que vocês fariam para realizar o sonho dela.

Registre as ideias que vocês tiveram.

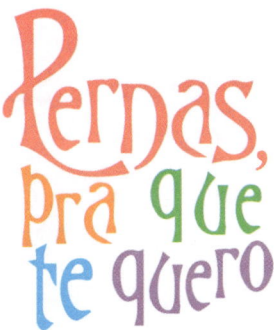

A ONG (ORGANIZAÇÃO NÃO GOVERNAMENTAL) PERNAS, PRA QUE TE QUERO! REALIZA O SONHO DE MUITAS CRIANÇAS E ADULTOS QUE USAM CADEIRAS DE RODAS, PROMOVENDO CORRIDAS DE RUA EM TODO O BRASIL NAS QUAIS EQUIPES DE CORREDORES CONDUZEM OS CADEIRANTES DURANTE TODO O TRAJETO.

EMPREENDEDORISMO E EDUCAÇÃO FINANCEIRA

A ÁRVORE DOS SONHOS

Muitas pessoas têm sonhos que gostariam de realizar. E você, quais são os seus sonhos?

Desenhe na árvore alguns de seus sonhos.

Juntamente com seus colegas e seu professor, construam a árvore dos sonhos da turma.

questões para discutir

- Você acha que seu sonho pode ser realizado?
- O que você pode fazer para que ele se realize?
- Quem poderia ajudar na realização desse sonho?
- Algum colega tem o mesmo sonho que você?
- Você consegue ajudar na realização do sonho de algum de seus colegas? Como?

Bruna Assis Brasil. 2018. Digital.

HÁ SONHOS QUE BENEFICIAM MUITAS PESSOAS E OUTROS QUE VISAM SOMENTE AO PRÓPRIO BEM.

1. Escolha uma dessas três crianças para ajudar a realizar o sonho dela.

   Registre o nome dela aqui.

2. Reúna-se com os colegas para pensar em uma maneira de ajudar na realização do sonho da criança escolhida.

   Faça um desenho para mostrar a solução do grupo.

3. Qual ou quais crianças têm um sonho pensando:
   - no bem de todos?
   - somente no próprio bem?

Empreendedorismo e educação financeira

SONHOS REALIZADOS

Existem pessoas que transformaram seus sonhos em realidade.

Ernö Rubik inventou os primeiros modelos de seu quebra-cabeça na forma de cubo para desafiar seus alunos. Ele mesmo demorou mais de um mês para resolver o problema que ele criou.

No início, os cubos eram feitos com peças de madeira. O número de peças foi aumentando, até chegar ao cubo mágico como conhecemos hoje. Algumas fábricas de brinquedos não quiseram construir o quebra-cabeça, mas ele nunca desistiu.

Se você tem um sonho, o importante é não desistir dele!

Você sabia que existem pessoas que transformam o sonho de outras pessoas em realidade?

As instituições *Make-A-Wish*, que realiza sonhos, e *Doutores da Alegria*, que visitam crianças e jovens com problemas de saúde ou que estão em situações de risco social, têm como objetivo oferecer alegria e esperança às pessoas, para que elas não desanimem.

 Que tal realizar o sonho de outras pessoas?

 Converse com seus familiares e escolham um tipo de instituição que gostariam de ajudar ou escreva o nome de uma:

☐ um lar de idosos   ☐ um orfanato   ☐ um hospital   ☐ _____

 Com seus colegas e o professor, complete os dados a seguir:

Sami e Bill. 2014. Recorte e colagem.

Nome da instituição: _____

Data para arrecadação: Data de entrega:
De: ___/___/___ a ___/___/___   ___/___/___

De quais materiais ela precisa: _____

EMPREENDEDORISMO E EDUCAÇÃO FINANCEIRA

UMA INVENÇÃO QUE MUDOU O MUNDO

Uma das maiores invenções da humanidade foi a roda. Essa descoberta ajudou as pessoas a se locomoverem mais rápido e a transportarem cargas pesadas.

Desenhe ao lado objetos que utilizam rodas e escreva o nome deles.

O carro é um dos meios de transporte que utilizam rodas para a locomoção.
Como você acha que os carros serão no futuro? Converse com seu professor e seus colegas.

Leia este texto.

NOTÍCIAS DO DIA

CARRO VOADOR EXISTE!

VOCÊ SABIA QUE ALGUMAS FÁBRICAS ESTÃO CRIANDO CARROS VOADORES?

Quando você estiver parado de carro em uma rua bem movimentada, é possível voar e chegar bem mais rápido ao seu destino.

VOCÊ SABIA QUE JÁ EXISTEM CARROS QUE PODEM AJUDAR A RESOLVER O PROBLEMA DO TRÂNSITO? E QUE EXISTEM CASAS CONSTRUÍDAS COM MATERIAIS QUE NÃO AGRIDEM O MEIO AMBIENTE?
ISSO SIGNIFICA QUE HÁ PESSOAS PREOCUPADAS COM A MELHORIA DA QUALIDADE DE VIDA.

Para você, como serão uma casa e um carro no futuro? Desenhe-os e explique as suas ideias.

Casa

Carro

3
EU QUERO OU EU PRECISO?

Leia a história em quadrinhos.

BUÁ! BUÁ! EU PRECISO DE UMA BOLA NOVA!

VOCÊ PRECISA OU QUER? VEJA QUANTAS BOLAS VOCÊ TEM!

questões para discutir

- Você acha que a menina realmente precisava de uma bola?

- Você costuma doar para outras pessoas objetos que não quer mais?

- O que você acha da atitude da mãe da menina?

- Você já quis comprar algo de que não precisava? O quê? Seus familiares compraram?

EXISTEM MUITAS COISAS DE QUE REALMENTE PRECISAMOS, OU SEJA, COISAS NECESSÁRIAS PARA NOSSA SOBREVIVÊNCIA. E HÁ COISAS QUE QUEREMOS, MAS PODEMOS VIVER SEM ELAS.

Gustavo Ramos. 2018. Digital.

Assinale na tabela o que você considera necessário para viver e o que você pode viver sem.

Itens	Preciso para viver	Posso viver sem
Último modelo de celular		
Comida		
Roupas		
Calça de marca famosa		
Balas e chicletes		
Calçados		
Água e luz		

Veja este anúncio de um *site* de compras:

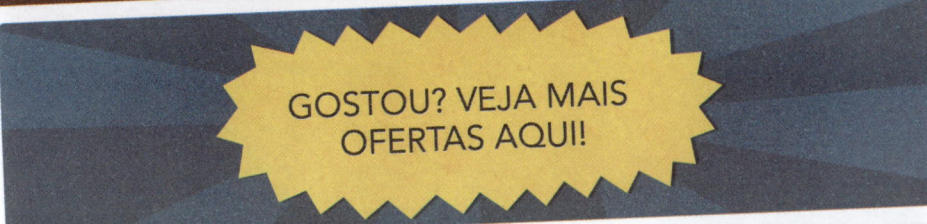

Bruna Assis Brasil. 2018. Digital.

questões para discutir

 O que o anúncio apresenta?

 Faltam informações nesse anúncio? Quais?

 O que essa televisão tem de diferente da que você tem em casa?

1. Você compraria essa televisão?
   ☐ Sim, porque deve ser legal escolher o fim das histórias.
   ☐ Não, porque o anúncio não mostra o preço e a TV deve ser cara.
   ☐ Não, porque não preciso de uma TV nova.
   ☐ Sim, porque gosto de ter sempre os produtos com os últimos lançamentos.

2. Ter uma televisão como essa é
   ☐ uma necessidade.
   ☐ um desejo.

VOCÊ SABE O QUE É O CONSUMO CONSCIENTE?

Consumo consciente é consumir apenas o necessário, pensando no meio ambiente e nas pessoas.
É pensar nestas três perguntas antes de comprar algo:
- Eu preciso desse objeto?
- Eu tenho dinheiro para pagar?
- Tenho que comprar agora?

Bruna Assis Brasil. 2018. Digital.

Leia a tirinha a seguir.

Paulo tem 12 anos e vai à escola todos os dias de bicicleta com seu irmão de 18 anos. Um desses dias, falou para sua mãe:

MÃE, EU CRESCI E MINHA BICICLETA ESTÁ MUITO PEQUENA. PRECISO DE UMA MAIOR!

TUDO BEM, MAS, ANTES DE COMPRAR, VAMOS PESQUISAR MODELOS E PREÇOS.

Roberto Zoellner. 2018. Digital.

O pedido de Paulo para sua mãe é

Camila de Godoy. 2016. Digital.

☐ um desejo sem necessidade.   ☐ uma necessidade e um desejo.

PLANEJANDO A COMPRA

Na pesquisa que fizeram, Paulo e Elaine encontraram a mesma bicicleta em três lojas.

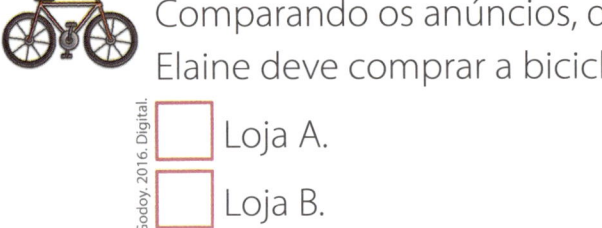
Comparando os anúncios, de qual loja Elaine deve comprar a bicicleta?

☐ Loja A.
☐ Loja B.
☐ Loja C.

questões para discutir

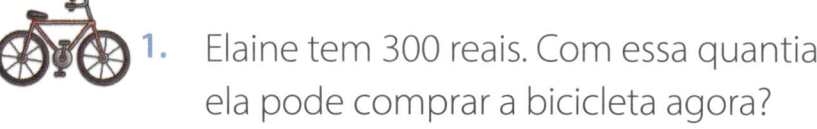
1. Elaine tem 300 reais. Com essa quantia, ela pode comprar a bicicleta agora?

☐ Não. ☐ Sim.

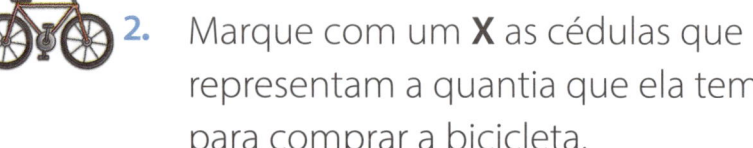
2. Marque com um **X** as cédulas que representam a quantia que ela tem para comprar a bicicleta.

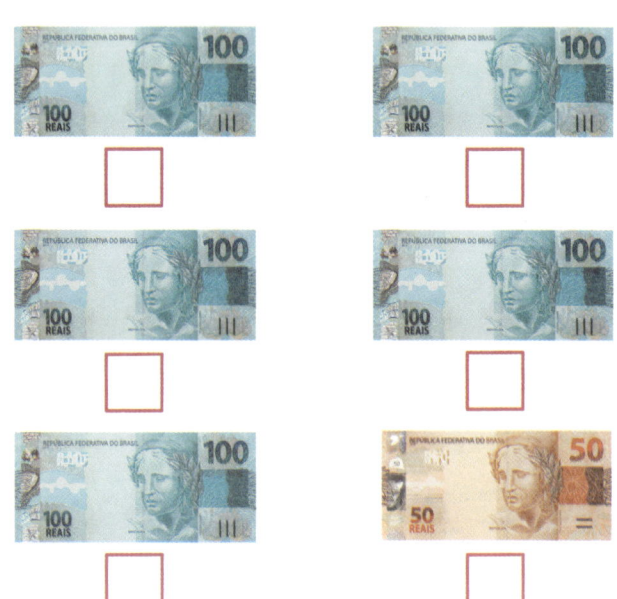

3. Elaine consegue poupar por mês R$ 100,00. Daqui a quantos meses eles vão conseguir comprar a bicicleta?

PLANEJAR É UM PASSO IMPORTANTE PARA ATINGIR O OBJETIVO QUE SE QUER!

jogos, brincadeiras e desafios

JOGO COMPRA OU NÃO COMPRA

Vamos ver quem consegue comprar dois produtos e guardar dinheiro!

Reúna-se com seus colegas e siga as orientações do seu professor para jogar. Antes, recorte as cartas, as moedas e o dado.

Kit praia — 5 reais

Caminhão — 7 reais

Ursinho — 10 reais

Bola — 9 reais

Lápis de cor — 8 reais

Estojo — 11 reais

Adesivos — 4 reais

Livros — 9 reais

Canetinhas — 5 reais

Garrafa de água — 6 reais

Kit de pintura — 10 reais

Calculadora — 12 reais

1 REAL

2 REAIS 3 REAIS 4 REAIS

5 REAIS

6 REAIS

Empreendedorismo e educação financeira

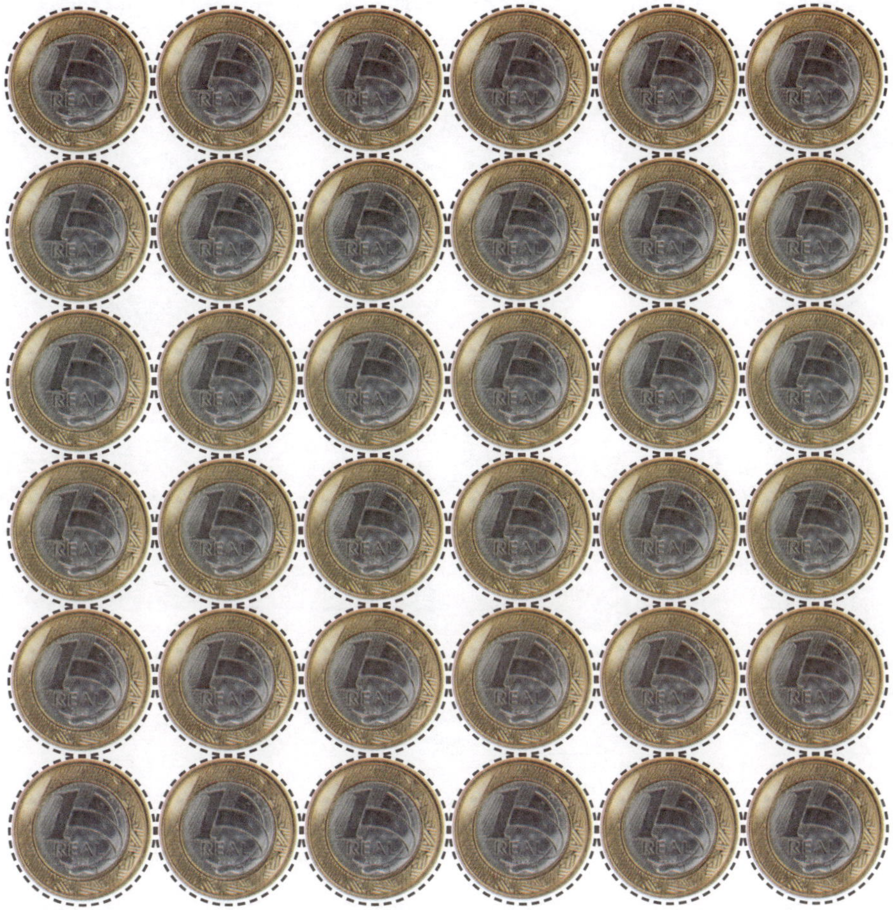

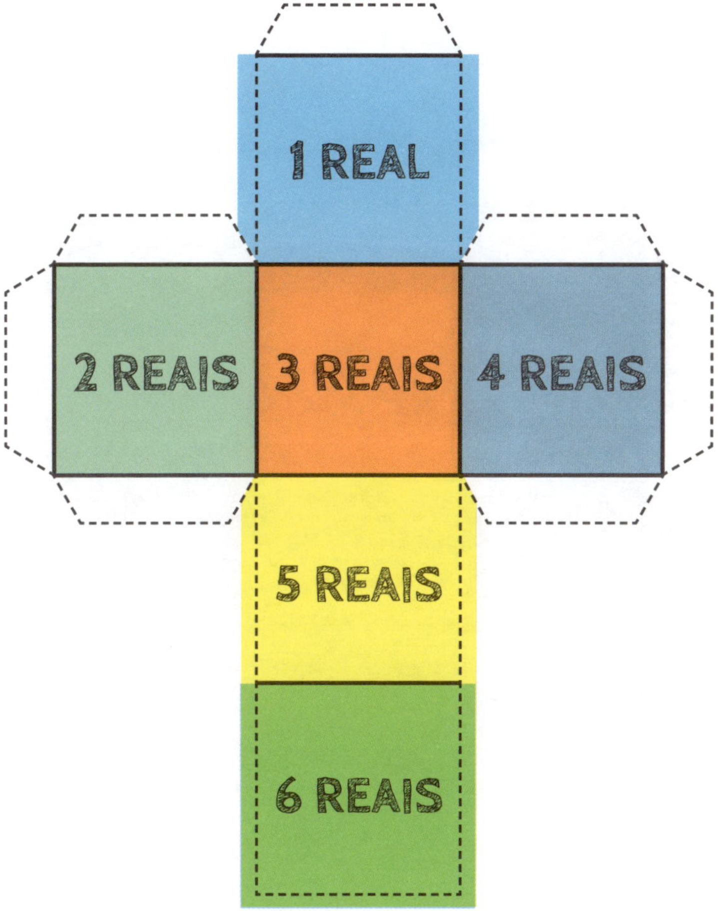

PENSANDO SOBRE O JOGO

1. Desenhe o que você conseguiu comprar e as moedas que sobraram.

| Compras | Moedas que sobraram |

Quem ficou com a maior quantidade de moedas no seu grupo? _____

Quais produtos ele comprou e quantas moedas sobraram? _____

Agora, imagine que Rafaela e Mariana estavam jogando **Compra ou não compra**.

2. Rafaela tinha 10 reais no início do jogo. Lançou o dado e caiu assim: 6 REAIS

a) Desenhe o total em reais com que ela ficou.

EMPREENDEDORISMO E EDUCAÇÃO FINANCEIRA

b) Rafaela comprou os livros. Quais produtos ela pode comprar com o dinheiro que sobrou?

3. Mariana estava com 20 reais e ainda não tinha comprado nenhum produto.

Circule dois produtos que ela deveria comprar, para sobrar a maior quantidade de moedas possível.

Kit praia	Caminhão	Ursinho	Bola	Lápis de cor	Estojo
5 reais	7 reais	10 reais	9 reais	8 reais	11 reais

Adesivos	Livros	Canetinhas	Garrafa de água	Kit de pintura	Calculadora
4 reais	9 reais	5 reais	6 reais	10 reais	12 reais

4

O DINHEIRO DE CADA DIA

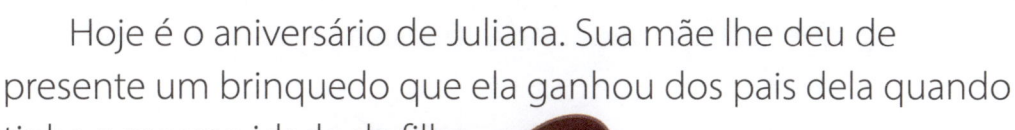

Hoje é o aniversário de Juliana. Sua mãe lhe deu de presente um brinquedo que ela ganhou dos pais dela quando tinha a mesma idade da filha.

Roberto Zoellner. 2018. Digital.

questões para discutir

- Você conhece esse brinquedo?
- Sabe como ele funciona?
- Em sua opinião, qual foi a reação de Juliana?

Marcelo Bittencourt. 2018. Digital.

Assinale uma ou mais alternativas.

☐ Ela ficou curiosa, porque é um brinquedo diferente.

☐ Ela ficou orgulhosa de usar um brinquedo de sua mãe.

☐ Juliana ficou com o brinquedo somente para sua mãe ficar feliz.

☐ Juliana ficou triste, pois gostaria de ganhar um brinquedo novo.

Desenhe algo que você ganhou que o/a deixou muito feliz.

> MUITAS VEZES, O VALOR DE UM OBJETO NÃO TEM RELAÇÃO COM DINHEIRO. UM OBJETO PODE TER UM VALOR SENTIMENTAL.

O VALOR DE TODAS AS COISAS

EXISTEM BENS MATERIAIS, ISTO É, COISAS QUE PODEMOS COMPRAR.
EXISTEM TAMBÉM BENS IMATERIAIS, OU SEJA, COISAS QUE O DINHEIRO NÃO COMPRA.

Circule no caça-palavras estas palavras:

LÁPIS - AMOR - CARRO - RESPEITO - SAPATO - ALEGRIA - AMIZADE - CARINHO - CASA - ROUPA

Use lápis de cor **vermelho** para circular os 5 bens **materiais** e, com o lápis de cor **verde**, circule 5 bens **imateriais**.

D	L	Á	P	I	S	A	D	L	M	O	P
C	A	R	R	O	P	F	A	M	O	R	A
A	H	J	O	L	E	P	M	J	T	U	G
R	R	E	S	P	E	I	T	O	H	R	A
T	A	C	U	C	C	A	A	I	C	D	X
D	D	C	A	A	L	E	G	R	I	A	E
B	C	A	P	R	O	R	U	M	I	C	Y
U	A	M	I	Z	A	D	E	T	O	N	R
C	R	U	N	E	I	T	C	O	R	E	I
C	A	R	I	N	H	O	U	C	O	S	A
D	N	U	D	A	X	A	C	A	S	A	G
R	O	U	P	A	C	I	N	R	P	T	E
V	O	P	I	S	A	P	A	T	O	E	M

Adilson Farias. 2013. Digital; Antonio Eder. 2011. Digital; Sami e Bill. 2014. Recorte e colagem; Evandro Marenda. 2016. Digital; Evandro Marenda. 2016. Digital; Lupe. 2009. Digital; Bruna Assis Brasil. 2011. Digital; Chris Borges. 2013. Digital.

Empreendedorismo e educação financeira

Agora, copie nos quadros correspondentes as palavras que você circulou no caça-palavras.

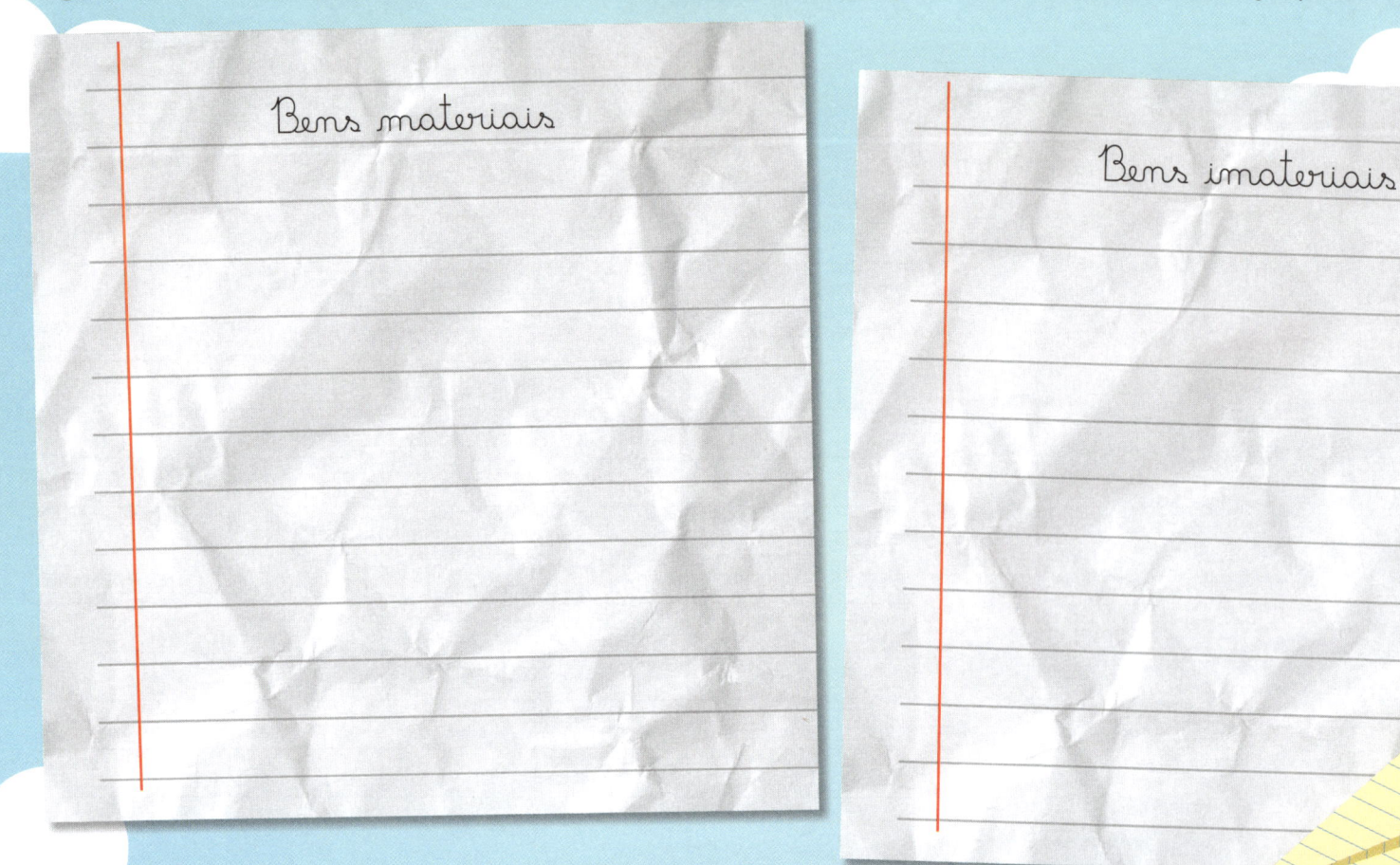

Bens materiais

Bens imateriais

- Qual dos bens listados tem maior importância para você?

- Escreva mais dois bens materiais e dois imateriais e registre-os no quadro acima.

EU QUERO UM JOGO...

Mateus recebe toda semana 10 reais de sua mãe.

Um amigo lhe ofereceu um *video game* usado para comprar e Mateus foi conversar com sua mãe.

MÃE, POSSO COMPRAR O VIDEO GAME DO PAULO?

QUANTO CUSTA ESSE JOGO?

CUSTA 80 REAIS, PORQUE É USADO. SE FOSSE NOVO, CUSTARIA 140 REAIS.

PUXA, QUE ECONOMIA! E ESTÁ FUNCIONANDO DIREITINHO?

SIM, MAS SÓ TENHO ISSO.

COMBINE COM O PAULO SE VOCÊ PODE DAR ESSA QUANTIA E PAGAR O RESTANTE EM TRÊS SEMANAS.

Roberto Zoellner. 2018. Digital.

questões para discutir

- Você acha que Mateus vai colaborar com o meio ambiente comprando o *video game* usado?
- O que se deve observar ao comprar um objeto usado?

No dia seguinte Felipe convidou Mateus para ir ao cinema.

E AÍ, MATEUS, VAMOS AO CINEMA HOJE COM A MINHA MÃE?

PUXA, O CINEMA CUSTA 6 REAIS, MAIS A PIPOCA 2 REAIS E O REFRIGERANTE 2 REAIS!

Se você fosse o Mateus, o que faria, pensando no pagamento do jogo de *video game*?

☐ Deixaria para ir ao cinema depois que tivesse pago o *video game*.

☐ Iria ao cinema e, depois, pensaria em como pagar o *video game*.

Roberto Zoellner. 2018. Digital.

TROCA OU COMPRA

Na escola de Adriana, existe o dia de **trocar** ou **comprar**.

Nesse dia, as crianças, autorizadas pelos pais, trazem para a escola objetos usados que queiram trocar ou vender. Os professores organizam uma feira no pátio e levam as crianças. Elas observam os objetos expostos e combinam com os donos se vão trocar ou vender.

Adriana trouxe seu *video game* usado para vender ou trocar por outros objetos.

Quais objetos Adriana poderia comprar com o valor de seu *video game*?

©Shutterstock/AllNikArt

R$ 15,00

Ursinho	Bola	Lápis de cor	Carrinho	Jogo de madeira	Pipa	Três livros infantis	Jogo de encaixe
R$ 5,00	R$ 3,00	R$ 1,00	R$ 5,00	R$ 4,00	R$ 2,00	R$ 9,00	R$ 4,00
☐	☐	☐	☐	☐	☐	☐	☐

Você tem algum objeto que gostaria de doar ou trocar? Qual?

Ilustrações: Cacá França. 2016. Recorte de papel; Evandro Marenda. 2016. Digital; Roberto Zoellner. 2018. Digital; Edson Farias. 2016. Digital.

COMPRAR, TROCAR OU DOAR OBJETOS USADOS É UMA FORMA DE REUTILIZAR AQUILO QUE NÃO QUEREMOS MAIS.

Empreendedorismo e educação financeira

PLANEJANDO OS GASTOS

SEMANADA É O DINHEIRO QUE SE RECEBE POR SEMANA.

MESADA É O DINHEIRO QUE SE RECEBE POR MÊS.

Você viu que Mateus recebe de sua mãe 10 reais por semana.

Alguns pais dão dinheiro aos filhos para que eles possam comprar algumas coisas para si.

- Mateus recebe da mãe uma semanada ou uma mesada? _____

Júlio recebe uma mesada de 40 reais.

Ele anotou os gastos que teve neste mês:

Lanche na escola	12 reais
Livros e revistas	8 reais
Cinema	10 reais
Figurinhas	4 reais
Dinheiro que sobrou	6 reais

Desenhe as cédulas e moedas de 1 real correspondentes ao valor de cada item da tabela.

Lanche da escola	Livros e revistas	Cinema	Figurinhas	Dinheiro que sobrou

jogos, brincadeiras e desafios

HOJE É DIA DE PARQUE!

Um ingresso para ir a um parque de diversões com a família custa 75 reais. Quem juntar essa quantia por primeiro compra o ingresso!

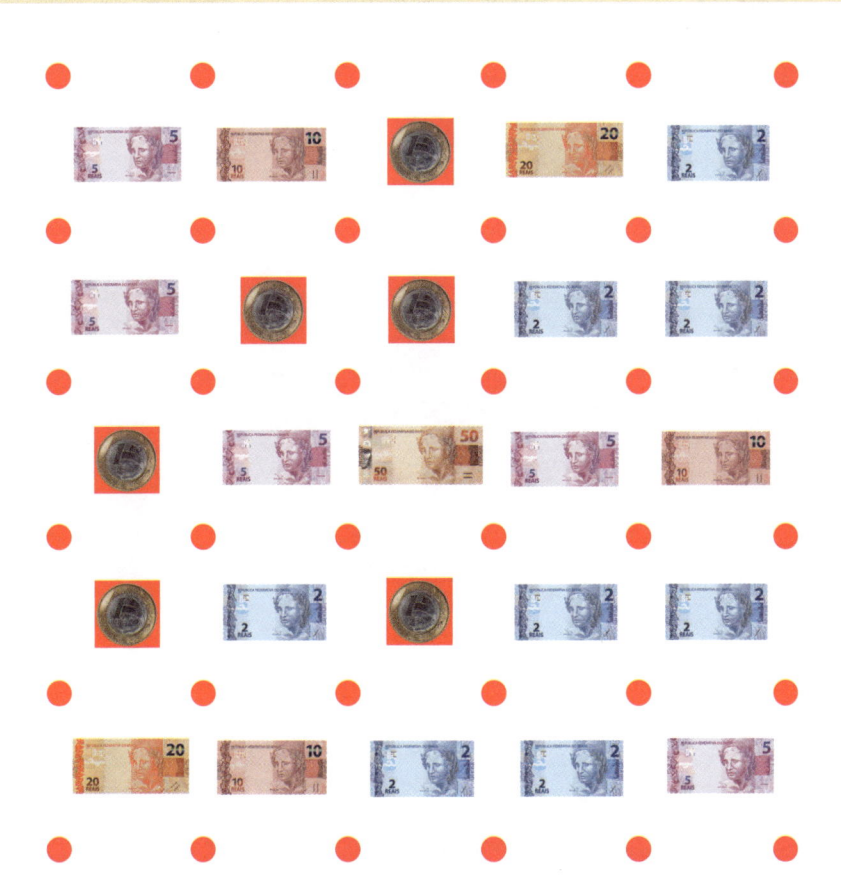

Empreendedorismo e educação financeira 47